当生命
给你一杯苦水

当生命给你一杯苦水
Life's Bitter Pool

叶光明事工亚太地区出版
PO Box 2029, Christchurch, New Zealand 8140
admin@dpm.co.nz
叶光明事工出版

DPM15

ISBN: 978-1-78263-661-8

本部目录

本部前言

这个教导是根据神百姓的一个历史事件而来，以色列人刚刚才经历神迹，走干地过红海，逃出埃及军兵的追杀。此事件记载于出埃及记十五章19-26节。首先让我们来看看他们经历得救奇迹最高潮的这一幕：

法老的马匹、车辆，和马兵下到海中，耶和华使海水回流，淹没他们；唯有以色列人在海中走干地。亚伦的姊姊，女先知米利暗，手里拿着鼓；众妇女也跟她出去拿鼓跳舞。米利暗应声说：

你们要歌颂耶和华，因他大大战胜，

将马和骑马的投在海中。

出埃及记十五章19-21节

这可真是大获全胜的凯旋之歌啊！

以色列人走干地过红海，亲身经历神迹，而他们的敌人—埃及军兵紧追在后，也下到海中，耶和华使海水回流，淹没他们，埃及全军復没，无一幸存，终于不再有敌人追杀神的百姓了。

以色列人肯定以为一切患难都结束了，接下来到应许之地的旅程应当是轻松愉快，顺顺利利可以抵达。结果是，他们对摆在前头的事毫无准备，在伟大的拯救之后，紧接着发生了这一件事：

摩西领以色列人从红海往前行，到了书珥的旷野，在旷野走了三天，找不着水。到了玛拉，不能喝那里的水；因为水苦，所以那地名叫玛拉。百姓就向摩西发怨言，说："我们喝什么呢？"

出埃及记十五章22-24节

请驻足片刻想象一下那画面：以色列百姓们经历了一个荣耀的得救，凯旋得胜，欢欣鼓舞，觉得一切都在神的掌控之中。圣经说，他们接着来到书珥旷野，是神借着摩西引导他们走到这里的，他们在那片旷野走了三天，却找不到水喝。虽然他们必定有备用水装在水袋里可供紧急之需，但想必这时连备用水也快喝光了。小孩与牲畜开始口渴，在炎热的旷野走得灰头土脸，大家都疲惫不堪。

这时他们遥遥望见水波映照，原来是这个叫玛拉的水池。有些人率先冲去解渴，但是用手捧起水来一喝，天啊，是苦的，不能喝，他们失望透顶！

这情况来得措手不及，百姓全无心理准备，想不到竟有这种事发生在他们身上，神不是一路引领，而且不久前才以大能拯救他们，使他们大大得胜吗？

百姓毫无准备，但有一位有准备，就是神。让我告诉你，不论我们多少次觉得毫无准备，但神绝对不会毫无准备。在神从来没有紧急状况，没有哪个情况是神无法解决的！

面对这景况百姓纷纷开始抱怨，但唯有一人懂得这时应该祷告，就是摩西。后代学者估算此时在旷野的以色列人大约有三百万，想想三百万人同声抱怨，该有多嘈杂啊！摩西要听见自己的祷告声音，恐怕都不容易吧？但摩西做了明智之举，他祷告，请看接下来发生了什么事：

> **摩西呼求耶和华，耶和华指示他一棵树。他把树丢在水里，水就变甜了。耶和华在那里为他们定了律例、典章，在那里试验他们；又说："你若留意听耶和华—你神的话，又行我眼中看为正的事，留心听我的诫命，守我一切的律例，我就不将所加与埃及人的疾病加在你身上，因为我—耶和华是医治你的。" ----- 出埃及记十五章25-26节**

让我先谈谈"树"这个字，在希伯来文，生长中的树用这个字，被砍下来后变成一根木头或梁柱时，还是用同一个字。此处经文并未说明那是还在生长中的“树”，但摩西必须把它砍下来，或许是一棵已经倒下的“树”。无论如何，“树”是这里的关键，当摩西把那“树”拿起来丢在水里，水就变甜了。

有一点很重要，圣经并没有说是“树”使水变甜，树本身并无法力，使水变甜的是神的超自然大能。把树丢在水里是出于信心的举动，释放神行神迹的大能到那水中，往往神行神迹的大能也是这样释放到我们生命中，需要一个具体的信心举动来释放那能力。当我们需要向神支取能力的时候，那出于信心的举动，就是解开行神迹大能的关键之钥。

旧约中的先知伊莱沙，他的事奉中有许多次都说明了这个原则。例如，靠近耶利哥有一条河，但是土地贫瘠，水不好也不能饮用。伊莱沙就走到水源，把盐倒在水中，说：**“耶和华如此说：‘我治好了这水。’”**（参见列王纪下二章19-21节）那水不是被盐治好的，而是神的超自然大能治好的。但把盐倒在水中的信心举动，释放了神的超自然大能，这是原则。

信心的举动是打开神行神迹大能的钥匙。很有意思的是，今天你到耶利哥去仍可见那水泉涌流，当地人称之为“伊莱沙之河”，直到今天水质依旧纯净，所以这个神迹的果效是恒久的。

另有一次，有人煮了一锅野瓜汤，却发现有毒，大家都不敢吃了，伊莱沙拿了些面粉丢在锅里，说：“倒出来给大家吃吧！”就等于是说他“治好了”那锅汤一样（参见列王纪下四章38-41节），并不是面粉中和了毒性，而是神的超自然大能，藉那信心的举动释放了神的超自然大能。

所以在这里也是，玛拉的池水是苦的，摩西把树丢进水里，此举释放神的大能，苦水就变成甜的。

这故事当然是远在三千年前发生的，但所蕴含的真理至今一样活泼而真实，一如摩西当年。以下就要来看这些真理要如何应用到我们自己的生活和处境里。

从刚才所读的苦水故事里，可以学习到两个功课，第一个功课是：大胜利为要预备我们面对大考验。神赐给你一个伟大的拯救或极大的胜利，或许是祝福、医治，不管是什么，并不代表你从此不会再面对任何考验。反之，胜利越大，你就越要能够站在那胜利的基础上，去面对更大的考验。

以色列人的错误就出在这里，他们以为刚才经历过伟大的拯救，接下来该不会再有什么考验他们信心的挑战了。结果是，当他们来到苦水边，完全措手不及，而且他们没有祷告，反倒抱怨连连。

第二个功课是：苦水是神的安排。这点很重要！其实是神引领他们走到苦水边的，他有一个目的，在我们生命中也是如此，有时神会允许我们碰上一池苦水，但他有他的目的。

让我给你几个当代的实例，说明你我可能必须面对的苦水是什么。我想到的第一个例子是婚姻破裂，今天不知有多少人不得不面对婚姻中的苦水，最终以离婚收场：苦毒、伤痛、难堪，种种伤痕深深烙印在生命里。

另一种苦水是事业失败。或许你努力了好多年才建立的某种事业，好不容易才在财务上站稳脚步，结果，由于无法控制的外在因素（例如景气低迷、金融风暴），当你发现自己身无分文而年岁已长，这可真是一池苦水啊。

又或许失去健康，身体垮了，或者更糟的，面临精神或情绪崩溃，你试图将碎片拼凑回去，努力于恢复昔日强健胜利的人生。

还有一种苦水，就是某位领袖在你心目中幻灭了。或许你跟随某人多年，尽全力服务，那人也许是政治的领袖或是宗教的领袖，甚至是你的父亲或母亲。你对他深具信心，一向钦佩不已，但是突然有一天，那人变了—原来他也不过就是个凡人，他令你大大失望了，你觉得自己的信心放错了地方。

我想问你一个问题：你愿不愿意学习神在苦水边为你预备的功课？若是愿意，那你需要先把这篇的内容读完。

在前面，我为你描绘了以色列人失望的画面，他们有过辉煌的胜利，毫无疑问的，他们觉得所有问题都一次彻底解决了。接着他们在旷野里走了三天，找不到水喝，又渴又热，疲惫失望，终于远远望见一池碧波映照在阳光下，但是当他们奔到水边捧起来喝，却又马上吐出来，是苦的，不能

当生命给你一杯苦水

喝！真糟糕，叫人又恨又失望。

你看，他们根本没有做好准备。他们以为从此万事顺利，不会再有信心的考验了。但是神可不是没有准备的喔！神知道要做什么，而且他也有答案。百姓抱怨连天，一无所得，当摩西祷告，神就把答案显明给他看。上帝已经把那“树”准备好了，他知道必须做什么，但是唯有藉由祷告，摩西才能找到解答。

我到过大教会讲道，也到过小教会讲道，我常问会众：“请问在座的各位，有多少人曾有不得不面对失望而痛苦挣扎经验的？”会众里自称从来没这经历的人少之又少。失望总是会临到的，但我希望你了解并学习如何面对失望，并得到宝贵的教训。

前面我提出的两个功课，是今天你我可以从这个故事中学到的。第一个功课是，大胜利是为预备我们面对大考验；大胜利并不代表以后不会再有考验。第二个功课是，苦水是神的安排；他引导他们走到那里；他自有他的目的。

然后我们今天也会来到人生的苦水边，例如：婚姻破碎、事业失败、失去健康，或是对一位领袖感到幻灭，甚至是对父母感到幻灭。

1考验的目的

现在我要把这故事进一步应用，并点出考验的目的。你可知道，人生的问题并不在会不会经历考验，而是在我们将如何响应考验。玛拉的考验曝露出以色列人某一方面的性格需要被处理，就是从抱怨表现出来的性格。

这样说吧，圣经对抱怨没有半点好评。抱怨不但不能解决问题，反而扩大问题，抱怨绝对不会替你找到出路的。当你在压力之下，一旦开始抱怨，那你就像当年的以色列人一样，在性格中有某块领域需要被处理。神早知道要处理哪块领域，但他必须让你先来到苦水边，好让你发现自己内在的实情。其实，抱怨的举动正显示出一个人缺乏信心与缺乏感恩的心，而且是以自我为中心，这些严重的问题都会阻碍我们更深认识神。

耶和华神还有更长的路要以色列人走，不是只走到玛拉水池而已。他是要带他们走到应许之地，但此刻他们还不合适进到应许之地，除非先把他们性格中那部分处理好，而那部分就在玛拉这里曝露并被处理了。因此，当你来到你的玛拉，你的苦水边，你开始抱怨时，要知道在你里面必有需要处理的部分，所以神才带你到这个地方来。但是必须你愿意跟神合作，他才能够帮助你处理。

圣经很清楚地提醒我们必经历试炼，许多处经文也都提到，而有一处在雅各书特别清楚：

我的弟兄们，你们落在百般试炼中，都要以为大喜乐。

雅各书一章2节

每次读到这句话，我都问自己："面对百般试炼，我的反应会是这样吗？"你对百般试炼的反应是这样吗？当你与神同行的路上，碰到各式各样的试炼，你都以为大喜乐吗？你是否会说："哈利路亚！为这个试炼赞美神"？还是你会像当年以色列人那样，开始抱怨神说："神啊，为何让这种事情发生？我以为掌握了一切情况的，现在我不知道该怎么办了。"

接着雅各这样说：

因为知道你们的信心经过试验，就生忍耐。但忍耐也当成功，使你们成全、完备，毫无缺欠。

雅各书一章3-4节

1考验的目的

基督徒品格中不可少的要件之一，就是忍耐。除非我们忍耐到底，否则神在我们身上有些目标是永远无法达成的。忍耐是藉由信心的考验带出来的，学习忍耐的方式其实只有一种，就是透过忍耐。为了能够忍耐，你必须处在一个需要忍耐的情况底下。

雅各说，要忍耐到底，才能够“成全、完备，毫无缺欠”。神为你订的目标就是：成熟、完备，拥有圆融的基督徒品格，毫无缺欠。你想要吗？你想要成熟完备，毫无缺欠吗？除此之外还能有别的冀求吗？如果你想要，就必须走完这过程，这过程中可能包括有专属你的玛拉或苦水。

碰到苦水的时候，只有两种响应：百姓抱怨，那是不信的回应；摩西祷告，那是信心的回应。你会选择哪一种？下一次当你再走到苦水边，你会抱怨还是祷告？

在苦水边，摩西祷告，向神呼求，因为除了神，别无可施援的对象。当摩西选择这条路—祷告而非抱怨，以信心回应而非不信的抱怨，神就以新的启示响应，他将自己启示给了摩西。

神引领以色列人走到苦水池是有目的的，神要他们学一件功课，所以把他们放到一个适宜领会他启示的地方。他的启示就是他自己，这是双重的启示，容我稍后再做更充分的说明。首先，他将那树显明与他们，也就是医治的方式。第二，更重要的是，他将自己新的一面显明与他们：耶和华是他们的医治者，这就是苦水经历的最终目的。

当生命给你一杯苦水

在此我要指出一个原则，这原则我曾听某人用一句话来统括说明。但老实说第一次听到时我并不喜欢，因为我心想，这话不就暗示人生不会照我喜欢的路来走了吗！这句话是这么说的："人的失望是神所命定的。"

前面我提过，几乎没有人不曾失望过，失望其实就是苦水池，当你把希望定得高高的，不停往前迈进，也似乎一帆风顺，然后一切崩解，坍垮，你一无所有，只剩失望，这就是苦水池。

但我希望你抓住的重点是：神领你到这个苦水池，而他在苦水池边为你预备了一样好东西，只要你以正确方式响应苦水，你会知道："人的失望是神命定的。"

当一切都顺顺利利，生活轻松安逸的时候，绝大多数人都容易变得肤浅起来，我们会满足于现状；满足于上教会做礼拜、奉献十分之一，做我们的祷告，过着高尚的生活，这虽与人性有关，但是神为我们预备更深刻而长远的事，他会用某个方法使我们走到苦水池。这时的我们，在痛苦和失望的深渊中，开始像摩西那样呼求神。而当我们呼求，神就以更深、更完全的启示显明给我们，而这启示是只有在苦水边，才会获得的启示。

如果你过去面对过苦水池，或是现在正面对苦水，只要记住："你的失望是神所指定的。"

从上面这些旧约的故事里所学到的功课，虽是三千多年前的事，但是这些功课仍与今天的你我息息相关。

首先，大胜利是为预备我们面对大试炼。刚获得一个大胜利并不代表以后不会再遭遇试炼；反之，那意味着我们获得了更好的装备，可以面对下一场考验。

第二，苦水是在神的安排里。神把他的百姓引到苦水池是有目的的，这是他引导的，我们也常如此蒙引导。所以苦水池是神的安排，他有他的目的。

第三，问题不在于我们会不会遭遇试炼，而是我们会如何响应。

第四，以这个苦水池为例，人的回应有两种：百姓抱怨，摩西祷告。抱怨者一无所获；祷告的人获得回应。

下一条原则是：针对摩西出于信心的祷告，神的响应是，给摩西新的启示。神的目的为要带领他的百姓来到可以领受他所预备之启示的地方。容我用短短的这句话来总结这一章：人的失望是神所命定的。

2 带来医治的树

在苦水池边，神为他百姓预备的启示是什么呢？现在我们就要来看看。这启示有两个层面：第一层是显明那棵医治的树；第二层是显明神是医治者。

首先要来回顾出埃及记十五章，讲到关于那棵树：

摩西呼求耶和华，耶和华指示他一棵树。他把树丢在水里，水就变甜了。

出埃及记十五章25节

问题的解决方式，就在那棵树。

那棵树讲到了整本圣经的主旨之一，讲到另一棵约两千四百年后，在各各他山丘上将被立起来的树：十字架。每当你在圣经里读到一棵树，就应该醒自己，该处经文其实是否意指耶稣。

我们需要了解希伯来文中“树”这个字的用法，我之前稍微提到，在希伯来文中这个字可用来指仍在生长中的树，也可指已被砍下的树。即使变成一根高又长的柱子之类的木头，它还是叫“树”。所以一棵“树”也可以是指绞刑台、绞刑架，或是十字架。

关于这方面有好几个例子，以下试举一二。第一个例子是在申命记：

> **人若犯该死的罪，被治死了，你将他挂在木头上，他的尸首不可留在木头上过夜，必要当日将他葬埋，免得玷污了耶和华—你神所赐你为业之地。因为被挂的人是在神面前受咒诅的。**
>
> **申命记二十一章22-23节**

旧约常提到的一种判处死刑的方式：把人挂在木头上。有时是先处死，再挂在木头（树）上，有时是直接挂在树上绞死。但是摩西的律法说，若有人被处死，尸体悬挂在树上，不可挂在树上留到第二天，因为那被挂的人是受咒诅的。

旧约常提到的一种判处死刑的方式：把人挂在木头上。有时是先处死，再挂在木头（树）上，有时是直接挂在树上绞死。但是摩西的律法说，若有人被处死，尸体悬挂在树上，不可挂在树上留到第二天，因为那被挂的人是受咒诅的。

你还记得耶稣被钉十架的记载吧，耶稣死在十架上后，亚利马太人约瑟，他是犹太议会的成员之一，去求本丢·彼拉多让他把耶稣的尸体取下来，因为隔天是圣日，尸体不可留在十架上过夜。在圣日当天不应当让咒诅受人注目。

这是一个交换：耶稣成了咒诅，好叫我们能领受祝福。就像玛拉的水：耶稣喝了苦水，好让我们得以喝甜水。他受了咒诅，好让我们蒙祝福。

当你想到那棵树被丢进水里，就要想到耶稣的十字架，以及他背负了苦毒的咒诅，好叫我们能得着祝福的甘甜。摩西把那棵树丢进水里是一个示范，是个模式或一幅图画，让你我能谨记心中，时常思想十字架为我们成就的，使苦水变甘甜。

另外我要引述彼得前书的一段话，同样是用木头（树）来指十字架，并带出同样的真理。

> **他被挂在木头上，亲身担当了我们的罪，使我们既然在罪上死，就得以在义上活。因他受的鞭伤，你们便得了医治。**
>
> **彼得前书二章24节**

再次看到，耶稣为我们成了罪，好让我们得以领受他的义；他受鞭伤，好让我们得医治，这就是以“树”代表十字架所带出的意义。那棵“树”有为全人类预备的完全的医治—脱离罪的灵性医治，脱离疾病的身体医治，脱离咒诅而得拯救，承受祝福的权利。这一切都是因着那棵树带来的，而那棵树就是十字架。

当你在脑海中想象摩西将那棵树丢到苦水里，使水变甜的画面，你也应该想象自己来到十字架的真理前，将之应用到自己身上，使你人生的苦水也能变为甘甜。

医治与拯救来自那棵树，就是十字架—耶稣的十字架—必须藉由信心的举动应用到我们身上，就像摩西出于信心将那棵树丢进水里一样，我们在面对苦水时也必须运用信心，必须信靠耶稣在十字架上所成就的事，并且照着比喻的意义，将“那棵树”丢进我们的苦水池里，这必须是出于信心的举动，才能释放神迹的大能，就是在耶稣基督的十架里使苦水变甜的能力。

当你人生走到苦水边时，我可以给你一些很简单又实际的建议，你可以采取一些步骤，将苦水变甜。第一步，认定那苦水是神的安排，是神领你到此，他一切都知道，而且他有解药。

第二步，让神来处理你被苦水所曝露出来的性格缺失。如果在应该祷告的时候你反而抱怨，别忘了，这正是圣灵必须处理你的一件事。

第三步，凭信心接受耶稣在十字架上为你成就的。**“他被挂在木头上，亲身担当了我们的罪，使我们既然在罪上死，就得以在义上活。因他受的鞭伤，你们便得了医治。”**这里不是说“你将会得医治”，而是说“你已经得了医治”。对神而言是已经成了的事，已经完成了，并且达成了。

第四步很重要：首先对耶稣为你做的事感谢神。先以感谢的心领受你所需要的：赦罪，医治（不论是感情上的或身体上的），从憎恨、苦毒、悖逆和困惑中得释放。感谢神，然后凭信心将那棵树丢进水里。你我所能表达最纯粹的信心，就是单单感谢神—不必看到任何改变或等着证明出来，只要相信神所说关于耶稣十架的一切。我们要大大感谢他为我们死在十字架上，为我们所成就的一切，感谢他释放行神迹的大能，将苦水变甜了。

到目前为止所提到的重要教训，简列如下：

第一，大胜利预备我们面对大试炼。

第二，苦水是神的安排；他有目的，是他引领我们走到苦水池边。

第三，重点不在会不会经历试炼，而是我们如何回应试炼。

第四，此事件显示出的两种反应：百姓抱怨，摩西祷告；抱怨的人一无所得，祷告的摩西获得解答。

第五，摩西出于信心祷告，而神以自己的新启示响应他。神的目的就是：引领他的百姓走到那里，为了将他自己更深刻、更完全地显明与他们。

至此，我们已了解这个启示的第一层：带来医治的树。我在前面提过，在希伯来文中“树”不但用来指仍在生长的树，也指已被砍下的树；同一个字可用来指绞刑台、绞刑架，也用来指十字架。用来使苦水变甜的树，对你我而言就是耶稣十字架的画面，耶稣在十字架上成了咒诅，旧约说：“**被挂在树上的人是受咒诅的。**”耶稣受了咒诅，好让我们能领受祝福，耶稣喝了苦水，让我们得以喝甜水。

在十字架上，他受了鞭伤，使我们得医治；在十字架上，因着耶稣的代偿、赎罪、牺牲的死，使人类的一切需要都获得满足。这就是这棵带来医治的树—这启示就是耶稣死在木头上，也就是十字架上，为你我所成就的大工。

3 神是我们的医治者

本章要看的是这启示的第二层：神是我们的医治者。每一次经历神、每一次从神领受供应，我们都必须超越经历的本身，不要只看供应，而要看那供应者。那棵树是供应，但神才是供应者，神并非只让以色列人领受那棵树的启示，更要他们进一步领受耶和华神是他们的医治者的启示。容我再次引用出埃及记十五章25-26节：

> **摩西呼求耶和华，耶和华指示他一棵树。他把树丢在水里，水就变甜了。耶和华在那里为他们定了律例、典章，在那里试验他们；又说："你若留意听耶和华—你神的话，又行我眼中看为正的事，留心听我的诫命，守我一切的律例，我就不将所加与埃及人的疾病加在你身上，因为我—耶和华是医治你的。"**

终极的启示不是供应的启示，而是供应者的启示。你必须掌握这个非常重要的原则，神的每一个启示，倘若我们容许它充分显示原本的结论的话，每一个启示都会使我们看见神自己："我—耶和华是医治你的。"

译成“医治者”的这个字，是现代希伯来文“医生”的意思，三千多年以来没有改变过，仍是最初的意思。我们需要了解，耶和华神渴望作他百姓的医生，他在苦水池边为他的百姓预备的启示就是这个。启示并非天然的意念能接受的，通常必须进入某种需要那个启示的情况，我们才有办法领受。

许多年前，我因病住院，但我的病令群医束手无策。在那样的情形下，借着圣经与圣灵，神向我显明他是我的医生：“我—耶和华是医治你的，是你的医生。”他就是这样引领我们进入启示。

还有，我们必须了解，神从不改变。他不单过去是他子民的医生，现在仍是。玛拉基书三章6节，在旧约近尾声时，说：**“因我—耶和华是不改变的。”**

他从前是，现在是，将来也是：他是不改变的—他是我们的医治者，是我们的大医生。在新约则说：

耶稣基督昨日、今日、一直到永远，是一样的。

希伯来书十三章8节

常常我们相信昨天是，永远是，但是今天呢？我们可以相信在圣经里是，也相信当我们到天堂时也会是，但是可别忘了，今天也是。今天，耶稣和他当年在地上时一样，今天，神和他当年在苦水池边一样，他仍是我们的医生，是医治我们的。

我认为新约有一节经文特别能描写耶稣在地上的事奉，彼得对哥尼流一家讲述他自己亲眼所见、耶稣在地上时的事奉，说：

> **神怎样以圣灵和能力膏拿撒勒人耶稣，这都是你们知道的。他周流四方，行善事，医好凡被魔鬼压制的人，因为神与他同在。**
>
> **使徒行传十章38节**

我认为最棒的是我们认识三位一体的永生神：圣父以圣灵膏抹圣子耶稣。结果如何？就是医治、自由、拯救和完全，凡是耶稣所接触的人都得着了。以下这话是存着敬畏说的，我觉得当神要来赐福与人类时，三位一体的神之间几乎有一种嫉妒，因为都不想被留下。圣父以圣灵膏抹圣子，这样就全都得以有分于这怜悯与拯救、使人得完全的事奉了。这就是神永恒本质的启示，神竟容许他的百姓来到玛拉这个匮乏之地，好让他们能领受启示。

如果今天你也处在匮乏之地，如果你觉得眼前正是一池苦水，那么我要建议你采取这种态度：“这是神容许的，神在其中，他有安排，我决不抱怨，我要祷告，我要等候神，让他对我说话。我要让他向我显明他在这情况下为我预备的。”

我要再次强调，神完全的旨意不仅要向我们显明那棵树，更是要显明他自己。我认为这一点需要向今天无数的基督徒说明。神的意思绝非要我们停留在一个经历上、一个教义、一个启示或一个祝福上。我们当然要为所领受的每一件事向神献上感谢，但是，不能就此打住。从某个程度来说，那每一件事都是非属个人的、也不持久的。最终来讲，我们所需要的是那一位，我们所领受的每一个真理的教义或启示，都是为了领我们到那一位神面前。

让我们再来读旧约的几处经文，也都提到这个原则。在出埃及记十九章4节，神对以色列人说：

我向埃及人所行的事，你们都看见了，且看见我如鹰将你们背在翅膀上，带来归我。

请注意神的目的是要将以色列人带来归他自己—不单是归向律法，不单是归向圣约，不单是进入应许之地，而是要归向他自己。这一直都是神的目的。

我的肉体和我的心肠衰残；但神是我心里的力量，又是我的福分，直到永远。

诗篇七十三篇26节

当生命给你一杯苦水

神是我的福分；不是一些祝福而已，不是一些经历和启示而已。神就是我的福分。除非得着神自己，否则我不会停止追求。

> **看哪！神是我的拯救；我要倚靠他，并不惧怕。因为主耶和华是我的力量，是我的诗歌，他也成了我的拯救。**
>
> **以赛亚书十二章2节**

这是一个启示。当你能够说“神是我的拯救”，不是教会、不是教义、不是经历，而是神，那你就稳妥无虞了，你就进入了启示的丰盛之中。不要停留在那棵树，不要停留在那经历，无论那些使你蒙了多大的祝福，你都要一直前进，直到神亲自向你显明。

再来看耶稣的一句美言：

> **凡劳苦担重担的人可以到我这里来，我就使你们得安息。**
>
> **马太福音十一章28节**

这就是终极的邀请：“到我这里来，我就使你们得安息。”不要停留在其它地方，要一直追求神在耶稣里亲自向你显现。他必使你得安息。

你可知，人心渴求他，非他绝对无法满足人心。终极来讲，我们需要有这样的一位，而神就是每一个人都需要；也必须来认识的这一位。

以色列人在旷野中走到玛拉池边，却发现水是苦的不能喝，我基于这个经历讲述人生的苦水，我们这一生几乎在任何一处都可能碰到苦水池的；波光粼粼看似美好，其实却是失望的苦水。

从查考以色列的这个历史事件可知，苦水是神为他们安排的。我相信在我们每一个人的生命中也是这样，神允许我们来到苦水池，因为他有一个目的。而当他的目的达成了，只要我们正确地回应神的安排，神的超自然话语能将苦水变成甜的。但我们是否正确的响应，真的非常重要。

4 先有死亡才有复活

本章我将陈明的此一重要真理，实为涵盖人生各领域的实用原则。其实我想说，神将此原则设为宇宙本身的运作原则，尤其我想到旧约和新约各有一段经文都指出这原则。

第一段经文在何西阿书。我相信这段预言将在我们这时代应验，神应许他的百姓以色列复兴—使他们恢复而归向他自己，恢复而进入他所预备的恩福里，也使他们归回他们的土地。何西阿书描述了神将如何使他们复兴，请仔细读这经文，因为经常神做事的方式不会像你我所预期的，所以我们必须警醒，以免错失神正在做的事。神说：

后来我必劝导她，领她到旷野，对她说安慰的话。

何西阿书二章14节

劝导一词相当奥秘，其涵义虽非我们能充分理解，却令人感到被吸引。

神说：“**我必领她到旷野，对她说安慰的话。**”一般来讲，旷野并非蒙福之地，就希伯来文的字义而言，神是说：“我要对她的心说话。”

这句话在希伯来文里非常的美。但你可知，神不总是能对我们的心说话，有时我们的心关闭了，有时我们没有响应，所以神必须在我们生命中工作，让我们碰到一些情况（好比把以色列人引进旷野），他才可以在那时对我们的心说话。

当以色列人把注意力转向神，神就对他们说：

我必赐她葡萄园，
又赐她亚割谷作为指望的门。
她必在那里应声（或译：歌唱），
与幼年的日子一样，与从埃及地上来的时候相同。

何西阿书二章15节

希伯来文的"亚割"（Achor）意思是"患难"，是说："我必将患难谷变成希望之门。""希望之门"的希伯来文是Petah Tikva。今天在以色列的台拉维夫有一个颇大的郊区就以此为名，命名来源就是何西阿书的这节经文。

在玛拉池水的故事之前，我们看到米利暗和以色列的妇女一起在红海边歌唱赞美神。神在何西阿书这里说："我要使她恢复歌唱。"或许你们有些人已经失去了歌唱赞美的心，基督徒不再歌唱可真是悲哀的。你心中需要有一首诗歌，好让你时常自由的迸发赞美，歌颂神。但是现在，你心里沉重，你里面有怀疑、觉得被遗弃，所以神要使你恢复歌唱：**“她必在那里应声（或译：歌唱），与幼年的日子一样，与从埃及地上来的时候相同。”**

此时此刻我们来到神的旨意和启示面前，就在这苦水池边，神要向我们显明他自己。

> **耶和华说：“那日你必称呼我伊施（就是我夫的意思），不再称呼我巴力（就是我主的意思）。”**
>
> **何西阿书二章16节**

在旧约中，以色列人与耶和华神的关系是婚姻的关系，但他们却把神当作巴力（主人）。那可不是建立在衷心承诺或发自内心的爱，但神说当他要使你恢复时，并非回到原先的启示，而是进到更高的层次；你不再称呼他“我的主人”，而是称呼他“我的丈夫”。丈夫一词在希伯来文是非常亲昵的，事实上，神是在说：“我会以新的亮光显明我自己，我会让你看到我是爱妻子的丈夫。”这启示充满了爱与温柔。

神的目的是要把以色列人带进全新的关系里，当我从历史看到神以无比的智慧和耐心对待以色列人（至今依然如此），我对自己的人生就大大放心了，既然神对以色列民那么有耐心，对我也必然有耐心。

即使我必须经过患难谷，即使我必须坚忍不拔—不放弃也不回头，不抱怨也不发牢骚—这患难谷必成为我的希望之门，就像当年以色列人一样。这门将领我进入全新的、更深也更完全的启示，使我更体会他的爱、怜悯和温柔。有时只在悲伤之时，我们才能体会到神的怜悯与温柔。

如果你碰到苦水池，要记住，神必在那苦水边向你显明他自己，只要你让他对你的心说话。

接下来我要以新约的经文说明同一个原则。保罗以亲身经历—非常艰难的经历，道出他的心声：

弟兄们，我们不要你们不晓得，我们从前在亚细亚遭遇苦难，被压太重，力不能胜，甚至连活命的指望都绝了；自己心里也断定是必死的，叫我们不靠自己，只靠叫死人复活的神。他曾救我们脱离那极大的死亡，现在仍要救我们，并且我们指望他将来还要救我们。

哥林多后书一章8-10节

这是出自肺腑之言：“那压在我们身上的担子是多么大，我们力不能胜，连生存的希望都没有了。”你想，保罗落入那样的情况是在神的旨意之外吗？当然不是。保罗完全在神的旨意中，照着神的旨意做事，被神使用。然而神允许他遭遇苦难的压力，似乎连活命的指望都没了。

你可曾有这样的感受？你可曾这样想：“我连一步也没法跨出去了，我没办法再多承受一丁点的压力了。神啊，为何容许这样的事发生？”不单是你，在你之前，保罗和其它许多神仆都经历过，而神这样做是有理由的。保罗说明了神的理由是：**“叫我们不靠自己，只靠叫死人复活的神。”**

神要把我们带到自信全无的地步，在那里我们的知识耗竭，经验、力量和能力也用尽了。在我们进入死亡般的经历时，但也就在这时这地，神必以超自然大能使我们从死里复活，带我们到更高的境地。神一直在领我们向上，一直带我们前进，但是，若要带我们进入复活，就必须先带我们经过死亡。

这方面我有亲身经历。记得有次我向神呼求，说：“神啊，为何你只赐福历经死亡后再复活的事呢？”我感到神赐下简单的回答说：“那是因为，当我容许某件事复活，必是照着我希望的样式复活。”

所以，如果你预备心要经历死亡的经历，要记得，死亡后必有复活。要记得，那里必有神的新启示，更深更完全地认识神，只要你紧紧抓住他，倚靠他，相信他。

关于作者

叶光明（Derek Prince, 1915-2003）生于印度，父母都是英国人。及长于英国伊顿公学和剑桥大学就读，毕业后于国王学院主持古代与现代哲学研究。他也在剑桥大学和耶路撒冷的希伯来大学研究包括希伯来语和阿拉米语（Aramaic，亚兰语）等数种语言。

二次大战期间他服役于英军医疗团时，开始把圣经当作哲学著作研究，后来透过一次与耶稣基督面对面相遇，生命从此改变。那次相遇令他获致两项结论：第一，耶稣基督活着；第二，圣经是一本真实的、与现代人切身相关的书。这两项结论使他的人生大转向，从此他献身查考和教导圣经。

叶光明最大的恩赐是，简单又清楚地解释和教导圣经，帮助了无数人奠定信仰的根基。他跨宗派、跨门派的教导，无论什么种族和宗教背景的人听来，都感到贴切而获益匪浅。

他著作五十多本书，教导的录音带六百卷和影片一百一十卷，当中许多已被翻译成一百多种语言出版。他有个每日播出的广播节目，已被译成阿拉伯语、中文（厦门话、粤语、普通话、上海话、潮州话）、克罗地亚语、德语、马律加什人语、蒙古语、俄罗斯语、萨摩亚语、西班牙语和汤加语。这个广播节目仍持续感动着世界各地的听众。

叶光明国际事奉团队（Derek Prince Ministries International）仍坚守福音事奉，将叶光明的教导带到一百四十多个国家的信徒当中，忠于托付“直到耶稣再来”。如欲了解最新讯息，请上我们的网站：www.ygm.services

当生命给你一杯苦水

Website: www.ygm.services

如何在智能手机上安装应用程序(App)

可复制网址到智能手机的浏览器，或使用二维码安装适用于您智能手机的应用程序（App）

iPhone/iPad手机下载网址:

https://itunes.apple.com/sg/app/ye-guang-ming-ye-guang-ming/id1028210558?mt=8

若干安卓手机下载地址如下，供您选择:

https://play.google.com/store/apps/details?id=com.subsplash.thechurchapp.s_3HRM7X&hl

叶光明事工微信公众平台:

如果您对叶光明事工的资料有任何反馈或愿意作出奉献支持事工，请email联络我们：

电子邮件 feedback@fastmail.cn

DPM15-T84

www.ingramcontent.com/pod-product-compliance
Lightning Source LLC
LaVergne TN
LVHW010548100826
845148LV00013B/2661
* 9 7 8 1 7 8 2 6 3 6 6 1 8 *